Antonio Mira de Amescua

El clavo de Jael

Edición de Vern Williamson

Barcelona **2024**
Linkgua-ediciones.com

Créditos

Título original: El clavo de Jael.

© 2024, Red ediciones S.L.

e-mail: info@linkgua.com

Diseño de cubierta: Michel Mallard.

ISBN tapa dura: 978-84-9953-520-3.
ISBN rústica: 978-84-9816-080-2.
ISBN ebook: 978-84-9897-557-4.

Sumario

Brevísima presentación

La vida

Antonio Mira de Amescua (Guadix, Granada, c. 1574-1644). España.
De familia noble, estudió teología en Guadix y Granada, mezclando su sacerdocio con su dedicación a la literatura. Estuvo en Nápoles al servicio del conde de Lemos y luego vivió en Madrid, donde participó en justas poéticas y fiestas cortesanas.

Personajes

Fineo
Simaneo, gracioso
Jabín, rey de Asiria
Sísara, capitán
Abdías
Barac
Rubén
Jael
Tamar, criada de Jael
Sofonisa, hermana del rey Jabín
Débora, profetisa
Músicos
Capitán

Jornada primera

(Salen Jael y Tamar, criada.)

Jael
      Ya no puedo caminar.

Tamar
      Y a descanso te convida
aquesta fuente.

Jael
             ¡Ay, Tamar,
que es símbolo de la vida,
un correr y un murmurar!
    Ya son sus cristales fríos,
ya furiosos, ya tardíos,
ya por peñas, ya por prados,
hasta que en el mar mezclados
pierden sus nombres los ríos.
    ¿Qué es la muerte sino el mar
a donde acaban las vidas?

Tamar
    La tuya debes guardar.
Si tus pesares no olvidas,
tú misma te has de acabar.
    Mira ese valle florido,
de sus flores guarnecido.

Jael
    Si a mí imitándome van,
presto se marchitarán.
Falte el Sol, vendrá su olvido;
    que la Fortuna cruel
un mismo fin apresura,
y el mayor tormento en él.

Tamar
    Quien goza tanta hermosura,

¿por qué se queja, Jael?
    ¿Qué importa que con rigor,
por pensión de tu valor,
te sea la suerte avara?
Pues, al fin traes en tu cara
el mayorazgo mayor.

Jael   ¡Ay, Tamar, nunca creí
que era hermosa, aunque avisada
del cristal o espejo fui,
hasta verme desdichada;
que entonces lo presumí.

Tamar   Siéntate.

Jael   Llega a mi lado,
verde sitio, hermoso prado
para aumentar mi tristeza.

Tamar   Aumenta más su belleza
de los montes coronado.

Jael   ¿Qué tierra [es ésta]?

Tamar   No inquieres;
que no lo puedo saber;
mas al fin preguntar quieres
por ser del todo mujer,
aunque a todas te prefieres.

(Salen Fineo y Simaneo.)

Simaneo   ¡Qué ligero el corzo va!

Fineo	Los cristales buscará de esa fuente clara y fría, icosa tan cobarde cría el desierto de Judá!
Simaneo	Imposible es alcanzalle, y más yo, que un topo soy.
Fineo	Atrás deja el verde valle, y en parte corrido estoy de herirle y no matalle.
Simaneo	A tan veloz animal, seguirle pudieras mal. Gente hay en la fuente, espera.
Fineo	¡Oh, qué felice ribera! Ninfas beben su cristal.
Simaneo	¿No es ésta caza mejor sin que se gasten las flechas?
Fineo	Antes me anima el temor entre dudas y sospechas que los presume el amor. ¡Qué soberana belleza! A no saber con certeza que hay solo un Dios, adorara a Venus en esta cara, monstruo de naturaleza.
Simaneo	¿Por cuál dices?
Fineo	Hablad vos.

Vista mis ojos pudieran...
¡No las entiendo, por Dios!

Simaneo

Pues, en tus ojos hubieran
lugar a un tiempo las dos.
   Donde hay lengua, ¿para qué
han de hacer los ojos fe?

Fineo

   Advierte con más decoro,
cuanto resplandece el oro
si entre la plata se ve.

Simaneo

   Pienso que a la blanca humillas
el corazón.

Fineo

          Maravillas
miro en el cristal ligero.

Simaneo

Pues yo a la morena quiero
para hacerla seguidillas.

Tamar

   Si Narciso quieres ser,
bien puedes mirarte más.

Jael

Mal me sabes entender.

Tamar

   Sé que embelesada estás.
Amor te podrás tener.

Simaneo

   Llega, pues.

Tamar

        Gente ha llegado.
¡Qué cazador tan turbado!
De la suspensión me admiro.

Jael	Mal acertaréis el tiro con el arco desarmado. Si caluroso buscáis la fuente, llegad.

Fineo	No llego,
	por saber que me engañáis.
	Dieron vuestros ojos fuego
	y agua con la voz me dais.
	  Mas, si hubiera de llegar,
	agua pudiera tomar
	cuando me he sentido arder;
	que si no para beber
	sirviera para llorar.
	  ¿Quién eres, mujer divina?

Jael	Una mujer desdichada que desterrada camina.
Fineo	Una gloria está cifrada en beldad tan peregrina. ¿Eres gentil?
Jael	De Israel, el Dios adoro y en Él fundo esperanzas altivas.
Fineo	Ya de sentido me privas. ¿Cómo te llamas?
Jael	Jael. ¿Y tú, quién eres?
Fineo	Escucha,

porque te quiero obligar
diciéndote brevemente
mi estado y mi calidad.
Yo me llamo Ever Fineo.
Adoro al Dios de Abrahán.
Ignorante de la escrita,
sigo la ley natural.
Fue mi ascendiente Esaú
y soy nieto de Boaz,
deudo del santo Moisés,
vuestro heroico capitán.
Cuando huyendo de Egipto
fue pastor en Madián,
le dio Jetro, sacerdote,
la hija que quiso más.
Después, cuando el Mar Bermejo
hizo muro de cristal
y pasó las doce tribus:
Judá, Rubén, Isacar,
Zabulón, Neftalí, Aser,
Simeón, Benjamín, Dan,
que Jacob llamó culebra,
Efraín, Manasés, Gad,
y después que Josué
quebró el viril del Jordán,
[y] en la prometida tierra
rompió los muros de Haí,
bajó mi padre y familia
de la hermosa Ciudad
de las Palmas y habitaron
los desiertos de Judá.
Aquestos valles que miras
que eternos abriles dan,
cuyas fuentes son lazadas

de las flores de coral,
cubren los ganados míos
de quien soy otro Labán
sin que varas de Jacob
puedan sus pieles manchar.
Dime tú, Jael divina,
iris hermosa de paz,
¿quién eres y qué es la causa
que a este desierto te trae?

Jael   Obligada, Ever Fineo,
a tu amor y voluntad,
oye las desdichas mías
en que un prodigio verás;
el tribu de Benjamín,
nieto querido de Isaac,
me dio sangre clara y noble
por serlo entre los demás.
De ricos padres nací
a quien no pude heredar
porque hermanos codiciosos
son ejemplo de crueldad.
Si fui hermosa, o si la soy,
tus ojos te lo dirán.
Solo sé que el parecerlo
pudo mis penas causar.
Muertos mis queridos padres,
al partir con gusto igual
la hacienda que nos dejaron
en el monte de Galaad
mis hermanos me dijeron,
Jael, ¿qué tesoro hay
[más] que tu rara hermosura
que puede el Sol envidiar?

15

No fue Raquel tan hermosa
ni vio más belleza Adán
en Eva, siendo su cuerpo
de jazmines y azahar.
¿Qué rosas cría Samer,
qué claveles Simaná,
qué bellos lirios Emón,
qué jazmines el Cedar
que a tus mejillas y cuello
no den superioridad
confesando ser traslados
de tu hermoso original?
Dividida en cuatro partes
nuestra hacienda, ¿quién será
rico de todos nosotros
si no es inmenso el caudal?
Tú, Jael, seguramente
esposo rico hallarás,
y por eso de la hacienda
tu parte nos puedes dar.
Dijeron y entre los tres
sin temer que el Jehová
poderoso castigase
tan inhumana impiedad,
parten los bienes y quedo
como en la orilla del mar
el que sin bajel desea
romper sus montes de sal,
como el mísero que pasa
los desiertos de Farahán
perdido en sus arenales
no habiendo a quien preguntar.
Piadosa y enternecida
pedí el favor celestial

como si entonces llovieran
las nubes dulce maná.
Determinéme, en efecto,
a dejar mi natural.
Aunque soy hija de Sara
peregrina como Hagar,
y con el traje que ves,
con poca seguridad,
de todos desamparada,
sino solo de Tamar,
por inciertas sendas guío,
hasta que la variedad
de las flores de este prado
entre lirios y arrayán
al descanso convidaron
con el dulce murmurar
de las fuentes fugitivas
que huyendo a su centro van,
nuestros cansados alientos
donde has venido a escuchar
las desgracias de quien huyo
pero corren ellas más.

Fineo   Aunque debo con razón
culpar el término injusto
de tus hermanos, es justo
que alabe su discreción;
 pues entre varios efetos
del ambicioso cuidado,
Jael, contigo han andado
avaros pero discretos.
 Hazaña fue peregrina
el quitarte tus hermanos
todos los bienes humanos

conociéndote divina.

Simaneo   ¿Y ella no dice quién es?

Tamar   Su criada.

Simaneo   Brevedad
notable y facilidad.

Tamar   Yo le informaré después.

Fineo   Fuerza es, divina mujer,
que halles un rico esposo.
Solo es lo dificultoso
que te pueda merecer,
    y si de mí conociera
que méritos igualara
y que al cielo de tu cara
atrevido no ofendiera,
    ya puesto a tus plantas bellas,
amante y enternecido,
diera, siendo tu marido
clara envidia a las estrellas.
    Y, si licencia me das,
[si] para este atrevimiento,
y si de mi pensamiento
ya con enojo no estás,
    permíteme que te ofrezca
un criado, no un esposo,
que te sirva cuidadoso
y que humilde te obedezca.
    Rica y servida serás
y por tus ojos serenos,
Jael, que no puedo menos

ni puedo ofrecerte más.

Jael   Fineo, el agradecer
tu amor es justa razón,
y pagar a tu afición
si acaso pudiera ser.
    El casarnos, ¡no os asombres!,
es imposible los dos.
Soy de los hijos de Dios
y tú hijo de los hombres.
    En mi ley es prohibido
el poder ser yo tu esposa.

Fineo   ¿No sabes, Jael hermosa,
cuántos ejemplos ha habido?

Jael   Yo sigo la ley de Job.
No vive otro sino tú,
descendiente de Esaú
entre hijos de Jacob.

Fineo   Justas las leyes serán.

Jael   Y es excusada porfía.

Fineo   ¡Cuántos están de la mía
en el seno de Abrahán!

Jael   Antes que Dios la ley diera
en el Sinaí a Moisés,
puede ser, mas no después.

Fineo   La grandeza considera
de mi pueblo. Balán fue

19

testigo de su valor.
Si sois hijo del Señor,
¿cómo consentís que esté
  en esclavitud pisada,
de Jabín, rey de Canaán?

Jael

Nuestras muchas culpas dan
fuertes filos a su espada.
  Padece porque ofendió
a su Dios. Porque estuvieron
en gracia, presto cayeron
los muros de Jericó.
  Y para decir verdad,
por dichosa me tuviera
si nuestra ley una fuera,
en pagar tu voluntad.

Fineo

    La mucha fuerza de amor
a quien el alma rendí
hoy quiere mostrar en mí
todo su extremo mayor.
  Pobre vienes y cansada.
Aquí si mi amor deseas
te queda para que seas
servida y reverenciada.
  Una tienda te armarán
que al Sol en belleza afrente.
Tendrá la punta al oriente
y sus columnas serán
  de cedro para que estés
como tu beldad promete.
Las columnas serán siete
y la cama de ciprés.
  Allí de espacio, informado

de tu ley, seguirla quiero
y ser tu esposo.

Jael   No quiero,
viéndome en tan pobre estado,
   no aceptar tu ofrecimiento
pues que de ti me fío
mi honor.

Fineo   No es amor el mío
ni atrevido ni violento.
   Con respeto y cortesía
has de ser de mí tratada.
El hospedaje me agrada.

Simaneo   ¿No habláis vos, morena mía?
        ¿Es vergüenza o es temor?

(Aparte.)   (Derretido estoy por ella.)

Fineo   El vano miedo atropella.

Jael   No le tengo de tu amor.

Fineo   Solo licencia te pido
porque llegue a ser dichoso
que alcance el nombre de esposo.

Simaneo   Esposo de anillo has sido.

Jael   Ese favor te concedo.

Fineo   Pues, ven, esposa querida.

Jael   Amante y enternecida,

al amparo tuyo quedo.

Fineo   Ven, mi querida Jael.

Jael   Soy esclava tuya al fin.

Fineo   Hoy, hija de Benjamín,
claro espejo de Israel...

(Vanse.)

Simaneo   ¿Osaráme a hablar agora
que su ama no está aquí?

Tamar   Hablo poco.

Simaneo   Jamás vi
mujer menos habladora.
   Milagro es que haya mujer
que calle.

Tamar   Si empiezo a hablar,
muy tarde suelo acabar.

Simaneo   Eso es fácil de creer.
   Advierte que no hay zagal
en los desiertos que ha habido
más fuerte ni más erguido.
¿Quiéresme?

Tamar   Ni bien, ni mal.

(Salen el Rey y Sofonisa, su hermana, y el capitán Sísara.)

Rey	Dame los brazos. Bienvenido seas.
Sofonisa	Bien merecidos son esos favores.
Sísara	Por ver que mis deseos los empleas,
	se acrecientan en mí fuerzas mayores.
	Tú, viva emulación de las tebeas,
	que [así] con [tus] divinos resplandores
	afrentan su candor, dame tus plantas.
Sofonisa	Con la humildad al cielo te levantas.
	¿Tienes salud?
Sísara	¿No es fuerza que con muerte
	la cobre, aunque en tu ausencia me faltara?
Sofonisa	Que nos escucha el rey, mi hermano, advierte.
Sísara	Deslúmbrame tu luz hermosa y clara.]
Rey	Sísara, capitán heroica y fuerte,
	que en Aser y Canaán mi gente ampara,
	¿cómo quedan Samaria y Palestina?
Sísara	Pues, tú por mis venturas adivina:
	Saqué [desde] Haroset, el cananeo
	ejército marchando belicoso
	hasta mirar al muro jebuseo
	que esperaba entre palmas, temoroso;
	allí quisiera ver al gran hebreo
	que el mar rompió soberbio y espumoso,
	o el que detuvo al Sol con tal porfía
	que se durmió la noche y todo el día.
	Del tribu de Judá vi las banderas,

con el león real que al Sol atreve
al pasar del Jordán por sus riberas
que goza a mediodía diez y nueve
ciudades que puestas en hileras
cerca del mar que sus cristales bebe,
cobardes y rendidas, aunque tantas,
sobre ellas puse mis altivas plantas.

Rubén, que un monte por sus armas tiene
y el reino goza de los amorreos,
franco pasó. A mi ejército previene
para que marche, rico de trofeos.
Benjamín, con el buey por armas, viene
humilde a presentarme sus deseos
que hacia el septentrión límite inclina
y con el Muerto Mar líneas termina.

Dan mostró la culebra, su estandarte,
mas fue para que humilde se rindiera;
que el airado aquilón sus tierras parte
gozando de su eterna primavera.
Isacar, cuyas tierras a la parte
del Líbano, del mar ve la ribera
más humilde metió mis pretensiones
que el animal que pinta en sus pendones.

Neftalí, con el ciervo presuroso
de sus armas llegó a besar mi mano;
y Simeón, confuso y temoroso
dejó los montes, ocupando el llano.
Vi la Asiria y la Caldea hasta el hermoso
campo en Damasco, conde por la mano
de su Dios fue formado, porque asombre,
del limo de la tierra el primer hombre.

No se atrevió ninguno a dar señales
de que alegre admite tu obediencia
y los montes, los fieros animales

aman tu nombre y temen mi presencia.
¡Y pensar que los dioses inmortales
pudieran con humana inteligencia
juntarse, me dieron [dos] mil desvelos
del globo los desiertos paralelos!
    No temas que otra vez los israelitas
salgan del cautiverio como hicieron
de Egipto, a quien las plagas infinitas
por orden de los dioses destruyeron.
Conquista las naciones inauditas
que de Orontes los cristales bebieron
que estatuas tuyas de alabastro y jaspe
han de ver las corrientes del Hidaspe.

Rey   Ya conozco tu valor
y te estimo de manera
que contigo dividiera,
para muestras de mi amor,
    el reino si de este modo
mis deseos no afrentara,
pues al que todo lo ampara
fuera bien dárselo todo.
    Solo te quiero advertir
para saberte premiar
que ya que soy corto en dar
no los seas en pedir.

Sofonisa   ¿No respondes?

Sísara   Mil caminos
intento, mas todos vanos;
que por servicios humanos
espero premios divinos.

Sofonisa	Bien te puedes atrever.
	Agora hay buena ocasión
	y no será discreción
	que así la dejes perder.
Sísara	Si por heridas pudiera
	el corazón enseñarte,
	de él, en la más noble parte,
	lo que he de pedir se viera.
	Del que puedes inferir
	lo que te quiero agradar,
	pues sabiendo pelear
	me turbo para pedir.
Rey	Ya ofendes con esas dudas
	mis liberales antojos.
Sísara	Yo sé que hablan los ojos
	cuando están las lenguas mudas.
	De ellos pudieras saber,
	si puertas del alma han sido,
	que ciego de amor te pido
	a tu hermana por mujer.
	Perdóname, loco estoy.
Rey	Justos son tus pareceres.
	Tú pides como quien eres.
	Yo he de dar como quien soy.
	Tuya es mi hermana cara,
	mi valor y su nobleza.
	Por dueño de su belleza
	desde luego te declara.
	Dale la mano.

Sofonisa	Y con ella
	el alma que suya es ya.

Sísara	Humilde a tus pies está
	quien toda el Asia atropella.
	Job quedara envidioso
	de mis dichosos empleos,
	mas quiero que los trofeos
	veas que alcanza tu esposo.
	Los esclavos israelitas
	quiero que besen tus pies
	para que estimes después
	la libertad que me quitas.

Rey	Dispón a tu gusto, en fin.

Sofonisa	No hay más bien que desear.

Sísara	A caza te he de llevar
	a los montes de Efraín,
	porque si conmigo vas,
	después de verme temido,
	viendo lo que yo he vencido,
	el vencerme estimarás.

(Salen Abdías, Barac, Rubén, y soldados.)

Abdías	Aquesta es su habitación.
	Éste es el monte Efraín.

Barac	Ya estoy con más confusión.
	Saber, Abdías, el fin
	me llama a esta ocasión.

Abdías	Ella misma lo dirá.
	Aquí vive entre Ramá
	y Betel.
Barac	¿Qué puede ser?
Abdías	Aquesta ilustre mujer
	respuestas al pueblo da.
	Al pie de una palma altiva,
	después que murió su esposo
	Lapidot, para que viva
	en el seno venturoso
	y su nombre en bronces, escriba,
	vive Débora, y consulta
	con alta deidad oculta,
	al Dios de Abrahán e Isaac.
Rubén	¿Quién es aquéste?
Soldado I	Barac.
Rubén	Quiero ver lo que resulta.
Barac	[El fin] de haberme llamado
	[cierto me lo dirá].
Soldado I	Mira
	cuánta gente se ha juntado.
Abdías	Ya escucha el pueblo admirado;
	y su belleza me admira.
(Sale Débora.)	Aquí está, Débora hermosa,
	Barac.

Barac	A tus pies [me] tienes.
(Aparte.)	(Mucho me mira y no habla.
	Más confusión me parece.)
Débora	Sean los montes testigos
	cuyos peñascos parecen
	gigantes que al cielo suben
	armados de ramos verdes;
	los arroyos despeñados
	cuyas risueñas corrientes
	con ricas plumas de vidrio
	púrpura y azahar guarnecen;
	los animales feroces
	que a mis voces obedientes
	embelesados me escuchan
	y sin responder entienden
	de que el gran Dios de Jacob
	por mi indigna boca quiere
	hablar para remediaros,
	porque el ánimo os despierte.
	¡Oh, pueblo de Dios querido!
	¡Victorioso tantas veces
	contra el número infinito
	de los idólatros reyes!
	¡Ah, vosotros que pasasteis
	el Mar Bermejo, de suerte
	que hombres [treparon] las ovas
	a donde habitaban peces,
	por quien cayendo las aguas
	sobre Faraón rebelde,
	el caballo y caballero
	vieron su sangre la muerte!
	Los que una nube cubría
	para que el Sol no les diese

calor sino luz hermosa
por los estíos ardientes;
y de noche una columna
de fuego os prestaba siempre
luz para ver en los campos
llover el maná de nieve;
que cansándoos su dulzura
disteis causa a que lloviese
codornices por las ollas
que llorasteis impacientes.
¿No sois los que con el arca
el Jordán claro y alegre
abierto por doce bocas
os dio paso francamente
y en la prometida tierra
que manaba miel y leche,
vencidas tantas naciones
os vestisteis de laureles?
¿Cómo, desagradecidos
al Dios que os dio tantos bienes,
falsos dioses adorasteis
engañados del deleite?
Volved al Dios de Jacob,
que Él por mi boca os ofrece
la victoria de Jabín
y su capitán valiente.
A ti, Barac, te ha elegido
el Dios que ejércitos vence
porque del número seas
de los ilustres y jueces.
Levanta pues, animoso.
Trae al Tabor eminente
del tribu de Neftalí
origen de quien desciendes

y deja brillar diez mil
soldados con que presentes
a Sísara la batalla,
del Cisón en las corrientes.
Allí el Dios de vuestros padres
traerá a tus manos la gente
de Sísara, con los carros
falcados que rige y tiene.
Será famoso tu nombre.
Levanta, ¿qué te suspendes?
Dios te llama y yo te aviso.
Anímate, pues. Él vence.

Barac   ¡Oh, profetisa divina,
el ánimo helado enciendes!
La ceniza de mis canas
en vivas brasas conviertes.
No dudo de la victoria
sino de hallarme imprudente
para empresa tan heroica
que tanta industria requiere.
Débora, si vas conmigo,
con tu amparo atreveréme;
mas si no vas, mi osadía
se acobarda y entorpece.
No iré si no me acompañas
porque quiero que peleen
mi espada y tus oraciones.
No es miedo aunque lo parece.

Débora   ¡Qué no por llamar Jacob
ciervo a Neftalí te viene
parte de su cobardía!
Contigo iré, pero advierte

que no tiene de ser tuya
la victoria que Dios quiere;
que a manos de una mujer
Sísara la vida deje.

Abdías   ¡Vivan Débora y Barac!
¡A sus contrarios sujeten!
Ciña este laurel honroso,
Barac ilustre, tus sienes.

(Dentro.)

Voces   ¡Por aquí va el capitán!
Con él al valle desciende
su alteza.

Sísara   Deja el caballo.

Abdías   Voces al aire suspende
de cazadores.

(Salen Sísara y Sofonisa.)

Sísara   Teneos.
¿Qué hace aquí tanta gente?

Débora   Éste es Sísara. No temas.

Barac   Ya es forzoso atreverme.

Sísara   ¿Qué es esto, viles hebreos?
¿Quién os animó a juntar
tanta gente, y en lugar
contraria a nuestros deseos?

¿Qué laureles, qué trofeos
en la cabeza ponéis
de un caduco? ¿A quién hacéis
fiesta? ¿Qué memoria honráis?
¿Los ácimos celebráis
o la pascua ennoblecéis?
   Como al ídolo que adoro
primero y a mí después,
¿No sois alfombra a sus pies
de más divino tesoro?
Si le perdéis el decoro
y no llegáis a adorar
a Venus, hija del mar,
en perfecciones tan raras,
vuestra sangre en limpias aras
le pienso sacrificar.
    ¿No habláis? ¿No respondéis?
Si es que turbados estáis,
ya que la ocasión buscáis,
por el miedo que tenéis,

(Sísara le quita la corona de laurel a Barac y se la presenta a Sofonisa.)

vuestros laureles veréis
puestos a sus plantas bellas
para que se honre en ellas.

Débora   ¡Suelta, mujer!

Sofonisa   ¡Ay de mí!

Sísara   ¡Vivan los dioses! Que vi
en el suelo las estrellas.

(Quítale Débora la espada a Sísara.)

Débora   Levanta, Sísara.

Sofonisa   Apenas
puedo vencer el temor.

Sísara   La sangre con el furor
helada queda en las venas.
Manche las rubias arenas
la sangre de la canalla.

Débora   Quien sin espada se halla,
¿cómo busca nuestra ofensa?
Si tú me das mi defensa,
necia seré en no tomalla.

Sofonisa   Advierte que solo estás
y sin armas.

Sísara   Loco estoy.
Muestra mujer.

Débora   No la doy
para que te enojes más.
De aquí adelante tendrás
por defensa de Israel
un contrario más cruel
en el que informas así;
que por eso le ceñí
verdes hojas de laurel.
   Resucitado a Josué
otro Judá ha nacido
que a tu poder atrevido

el castigo justo dé,
y no será lo que fue.

Sísara

Bárbaros jueces nombráis
cuando cautivos estáis,
pero bien es que mostréis
cuán poco valor tenéis
pues de un caduco os fiáis.

Barac

Sísara, si no te viera
de tus carros rodeado,
verte [he] de mí castigado
y que el castigo te diera.
Cubra la verde ribera
del Carit y del Cisón,
tu innumerable escuadrón
agote el claro Jordán.
Sube en tus carros. Serán
los que perdió Faraón.
Vuelve a Haroset y no esperes
a que tu injusto rigor
tanto incite mi valor;
que te deshonras si mueres
desarmado.

Sofonisa

Si me quieres,
como dices, no aventures
tu vida y mi mal procures.
¡Si es difícil de vencer
hasta que con el poder
las victorias asegures!

Sísara

Aunque del furor vencido,
tu mandamiento obedezco

y las causas que te ofrezco
de estos que libres han sido.
Vuestros nombres no he sabido.

Débora   Débora y Barac serán
los que guerra te darán.

Sísara   Débora, guarda mi espada.

Débora   Presto la verás manchada
con la sangre de Canaán.

Sísara   ¡Qué arrogancia de mujer!
¡Y qué viejo confiado!
La guerra habéis publicado
que vuestra muerte ha de ser.

Barac   Dios tiene el sumo poder.

Sísara   ¿Qué poder si vivo estoy
y asombro a los cielos doy?

Débora   Confía en el Dios de Isaac.

Todos   ¡Vivan Débora y Barac!

Sísara   Rabiando de enojo voy.

(Vanse y sale Simaneo.)

Simaneo   Cada hora, cada instante
va creciendo mi amorío;
de noche no temo el frío,
no hay día que el Sol me espante.

Ya no voy tras el ganado
con el gusto que solía.
Yo que amor no conocía
en su ciencia soy letrado.

    Ésta es la tienda en que están
las dos de todos servidas,
que de mozas tan garridas
inficionados están.

    Saber un cantar quisiera
con qué llamase a Tamar,
pues que no sabe el cantar
ruiseñor de esta ribera,

    como ella. ¿Qué podré hacer
para que pueda salir?
Que es leer y no escribir
el cantar y no tañer.

    Gente suena. ¡Juro a mí!
Instrumentos traen. Quisiera
que alguno un cantar dijera,
y se hiciese, porque así

    dijera que había sido
requebrando a mi morena
a costa de voz ajena
que ya es uso introducido.

(Salen Fineo y los músicos.)

Fineo   Como el bien aún no poseo
que con esperar me engaña,
adorando a esta cabaña
le doy aliento al deseo.

    A mi esposa querida
darle música concierto;
que en cuidado tan despierto

no ha de haber alma dormida.

Simaneo   Éste es mi amo.

Fineo   ¿Quién va?

Simaneo   Bien arrebozado estoy.

Fineo   ¿Es Simaneo?

Simaneo   Él [soy].
Todos estamos acá.

Fineo   Pues tú, ¿qué haces aquí?

Simaneo   También soy persona yo,
y sus virotes gastó
Amor, como en vos, en mí,
y si a Tamar no me dais,
amor, guárdaos el ganado.

Fineo   Gusto infinito me has dado.

Simaneo   Como en esperas andáis
de casaros, los desvelos
diferenciáis de los dos;
que gocéis la esposa vos
y acá que nos papen duelos.
      [.....................]

Fineo   Calla; que yo estoy aquí
para que imites a mí.
      [.....................]

Músicos	"Levanta, paloma mía.
	Suene a mi oído tu voz,
	la de la tórtola a mí
	en nuestra tierra se oyó."

(Dentro.)

Jael	Muéstrame, adorado mío,
	dónde, en ardiente calor,
	apacientas tus rebaños
	pues ves que a buscarte voy.

Tamar	Estando el rey en su trono,
	el nardo dióme su olor.
	Hija de Jerusalén
	hermosa aunque negra soy.

Músicos	«A estos montes de Judá
	mi bella esposa subió,
	hermosa como la Luna,
	escogida como el Sol.»

Jael	Si viéredes a mi esposo,
	bellas hijas de Sión,
	llamadle y decidle todos
	que estoy muriendo de amor.
(Salen Jael y Tamar.)	Levantéme, esposo, a verte
	cuando mi alma te oyó,
	llenas de mirra las manos
	para que abriesen mejor.

Fineo	Ábreme, esposa querida,
	que el invierno no pasó,
	y el verano a dar empieza

dulce fruto entre la flor.
Ya se llega el mismo tiempo
de nuestra imaginación,
fruto ha dado la higuera,
la viña flores brotó.
Por el desierto subiste
como hermosa inspiración
del vino que de la mirra
y del incienso nació.
Es aceite derramado
tu nombre. Tras ti me voy
al olor de tus aromas
de infinita estimación.
Los tabernáculos santos
del Cédar del rey mayor
el vestido a tu belleza,
son propia comparación.
Hermosa eres, mi Jael,
y mancha en ti [no] se halló.
Tórtolas son tus mejillas,
palomas tus ojos son.
Tu cabellera el rebaño
de las cabras que subió;
del monte Galaad quedaba
bellísimo resplandor.

Simaneo	¿No dejaréis que requiebre a Tamar un poco yo?
Fineo	Antes quiero que nos vamos. Que descanse y es razón.
Jael	¿Qué más descanso que el verte?

Fineo	Adiós, mi Jael.
Jael	Adiós.
Simaneo	Vamos cantando, zagales, una amorosa canción.
Músicos	"Si tus ojos se ponen, zagala bella, no habrá luz que me alumbre cuando amanezca."

(Vanse todos.)

Fin de la primera jornada

Jornada segunda

(Salen Barac y Débora.)

Barac   Aquí, Débora, he traído,
entre confusos criados,
diez mil valerosos soldados,
que son lo que me has pedido.
    El tribu de Zabulón
y de Neftalí ofrecieron
las vidas, que así admitieron
alegres tu petición.
    Todos vienen animosos.
Solo yo cobarde vengo,
y no porque dudas tengo
en los hechos milagrosos
    de nuestro Dios de Israel;
pero, si al temor me ajusto,
es por no verme tan justo
que espere milagros de Él.
    ¿Qué Moisés has escogido
que le habla cara a cara,
que a las peñas con su vara
rompió el pecho endurecido,
    que en el Sinaí el Horeb
le pueda ver amoroso?
¿Qué Josué valeroso?
¿Qué virtuoso Caleb?
    Sino un hombre pecador,
de servirle tan ajeno
que solo ha tenido bueno
el tener este temor.

Débora   Barac, aunque así te humillas

miro, como Dios discreto,
que en el humilde sujeto
muestra Dios sus maravillas.

    El humilde le agradó,
y por Él fue levantado,
y cuando más confiado
el soberbio derribó.

    [Tú mismo te levantaste]
por la humildad que has tenido.
Justo a su pecho has venido;
ya la victoria alcanzaste.

    No deseará de ti
propio gozar la victoria,
pues vences la vanagloria
de verte ensalzado así.

    De aquí es justo que se vea,
después de tiempos tan largos
que Dios nunca da los cargos
al hombre que los desea.

    Moisés bien supo temer
cuando con Dios se excusaba,
pues por su lengua dudaba
poderle nadie entender;

    y así los reyes debían
honrar al que no pretende.
Mucho más, pues, de Él se entiende;
que ambiciones no porfían.

    Esto basta y no te vea
más, Barac, desconfiado.

Barac   Un pecho, por ti animado,
bien es que sus dichas crea.

    Por ti destierro el temor.
Mira, divina Belona,

esa gente que corona
estas cumbres del Tabor.
    Aunque pocos, bien armados,
en sus puntas eminentes
parecen las armas fuentes
con los cristales helados,
    de cuyos blancos rebaños
o con fuerza juveniles,
duros peñascos movibles
haciendo a la vista engaños.

Débora   Ésos a la multitud
de Sísara vencerán.

Barac   Seguros, Débora están
de tu industria y tu virtud.

Débora   ¿Quién viene?

Barac   Abdías, amigo,
¿de dónde vienes?

(Sale Abdías.)

Abdías   A ser
del más soberbio poder,
Barac, ilustre, testigo.
    Salí como me mandaste
a ver con el manto oscuro
de la noche, de Haroset
los inexpugnables muros.
No pude llegar a verlos
porque apenas el Sol rubio
daba resplandor al alba,

solo con bostezos suyos,
cuando llegando a Cisón
vide sus cristales turbios
de los caballos que vienen,
espumas entre los juncos.
Detuve el ligero paso,
no medroso mas confuso,
haciendo como prudente
prevenciones y discursos.
Salió el padre de los días
por diamantes y carbunclos
para dorar pabellones
adonde flores produjo.
Enseñóme con sus rayos
la multitud y discurso
de los contrarios, por quien
nuestra perdición anuncio.
Del mar las arenas rojas
entre corales y lucios,
que de lágrimas del alba
cuajan aljófar oculto,
las hojas de aquesta selva
a quien viste de oro julio,
mayo de verde y octubre
deja sus troncos desnudos,
las flores de aqueste campo
que se igualen dificulto
al número de la gente
de este capitán robusto.
La multitud es tan grande
que si contarlos presumo,
átomos le cuento al Sol
y gotas de agua al diluvio.
Filisteos arrogantes

parecen montes robustos
de carne y hueso. Sus lanzas
son cedros altos y duros
Madianitas y Amorreos.
Si arrojar pretenden juntos,
sus flechas dejan al Sol
cuando no eclipsado, oscuro.
Los carros falcados son
novecientos. Ved qué surcos
harán entre los hebreos
para el cananeo triunfo.
Cebadas vienen las ruedas
de espadas cuyos agudos
filos [a] las peñas parten.
¿Qué acero estará seguro?
Perdón os pido, jueces,
animosos como justos,
si con dudar la victoria
vuestros créditos injurio.
[Yo] no intento pervertir
vuestro intento. Si procuro
que nuestras cervices vuelvan
a sufrir de nuevo al yugo
yo he de morir [el] primero;
que de esta manera cumplo
con la obligación que tengo;
que una vida paga mucho.
¡Buscad las divinas fuerzas!
¡Acudid al sacro oculto!
¡Sacrificad blancos toros!
¡Suban voces entre el humo
al trono del Dios de Isaac!
Que con su favor no dudo
que vuestra fama se alargue

felices y largos lustros.

Débora   Parece que está turbado.

Barac   No es el pálido color
            cierto señal de temor,
            sino de enojo y cuidado.

Débora   Ése te importa tener
            para empresa tan altiva.

Abdías   E infinitos años viva
            tan invencible mujer.

Débora   Ya que en el Tabor nos vemos
            de enemigos rodeados,
            bien es que a nuestros soldados
            el bastimento busquemos.
            Yo me he de apartar de ti,
            Barac, por algunos días.

Barac   ¿No bastara si tú envías
            a buscarle desde aquí?
            ¿Por qué me quieres dejar?

Débora   Hablar yo misma deseo,
            porque es fuerza, a Ever Fineo;
            que de él pretendo alcanzar
            el socorro conveniente,
            pues que sus blancos ganados
            cubren de Judá los prados.

Barac   Mucho siento el verte ausente.

Débora	Tiene hechas con Jabín
	parias; que las rompa espero,
	que deje el lugar primero
	y ocupe el valle Senín
	que es a la guerra importante.
Barac	Y en mí lo es obedecerte;
	mas no es bien que de esta suerte,
	mientras tú no estás delante,
	esté ocioso y retirado
	sin dar muestras de valor.
	Bajar quiero del Tabor
	encubierto y disfrazado.
	Por mis ojos he de ver
	el contrario altivo y fiero;
	que quiero contar primero
	los que tengo de vencer.
Débora	Mucho me agradan tus bríos.
Barac	Si los gobierna un león,
	tigres las ovejas son.
	Tuyos son, que no son míos.
Débora	Seguro puedes partir,
	pues el cielo te defiende
	de cualquier peligro. Entiende
	que con honra has de salir.
	No te acobarde el poder
	del contrario, ni el hallarte
	a tu parecer en parte
	donde es fuerza el perecer.
	De todo victoria alcanza
	quien a Dios lleva por guía.

Barac	¿Quién miedo tener podría con tan segura esperanza? Tú, Abdías, rige la gente, pues que quedas esta vez por capitán y juez en tanto que estoy ausente.
Débora	Del monte la cumbre altiva corone; que así estará más seguro y gozará de la plata fugitiva de las fuentes del Tabor.
Abdías	En todo he de obedeceros; que presto imagino veros, con fuerza y poder mayor, tener sujeto a Canaán.
Barac	Tus brazos, Débora, pido.
Débora	De la vida me despido. Guárdete el Dios de Abrahán, Dios de ejércitos, Dios santo. No pruebes más mi paciencia.
Barac	¡Que ya celebran tu ausencia las corrientes de mi llanto!

(Vanse y salen Sísara, el rey Jabín y su hermana, Sofonisa.)

Sísara	Tanta merced y favor, ¿cómo la puedo pagar con una vida, señor?

Rey	Bien la merece gozar quien tiene tanto valor.
Sofonisa	En tus pies pongo mi boca por la parte que me toca de la merced que le has hecho.
Rey	Quien tiene parte en mi pecho sin causa mi amor apoca. ¡Qué mucho que ven haber, el que defiende mi estado tan enseñado a vencer que a la Fortuna he quitado ya su mudanza, el poder! Que las veces que ha salido con mi ejército, vencido por los triunfos que alcanzó, no pregunten si venció sino solo si ha [venido].
Sísara	¿Qué te puedo responder a un favor tan soberano? Pero debes de querer pagarte a ti de tu mano pues de ella alcanzó el poder. ¿Quién celebra la corriente de un arroyo que la fuente no alabe de quien manó? El ser que tengo nació de tu valor excelente. Tuyas han de ser las glorias de mis hechos, pues han sido en tu nombre mis victorias porque al pesar del olvido

duren en sacras historias.

Rey   Después de venirte a ver,
Sísara, quiero saber,
¿cómo el amor se reparte
entre Venus y entre Marte,
con la guerra y la mujer?
    ¿Qué ratos alcanza Amor
entre las armas desnudo?
Porque el bélico furor
nunca asegurarle pudo
entre el temer ni el temor?

Sísara   Antes en mi pecho cría
esta belleza tan mía
más aliento en la ocasión
Amor, y la valentía
que es la fuerza del blasón.
    Vivo alegre de esta suerte
con el bien que el alma estima,
y es fuerza que en todo acierte
que la posesión anima
si la esperanza divierte.

Rey   De tu valor no he dudado;
mas pienso que has acertado.
Que quedes solo a vencer;
que dudo que pueda ser
si no amante, buen soldado.
    Ve y castiga los hebreos
que en las cumbres del Tabor
han de aumentar tus trofeos,
pues con la paz y el amor
multiplican los deseos.

Hoy mi hermana he de llevar.

Sofonisa

¡Ay, si podréme quejar
del agravio que me hiciste!
Pues pienso que el bien me diste
por volvérmele a quitar.

En marciales ocasiones,
Sísara, es bien que se vea
conmigo entre tus pendones.
Verás que por dos pelea,
pues lleva dos corazones.

Sísara

Mal contigo te aconsejas
si solicitas mis quejas,
¿cómo tengo de poder
a los hebreos vencer
pues que sin alma me dejas?

Si así mi paciencia pruebas,
ten, señor, por cosa llana
que la victoria te niegas;
que en mí dejas a tu hermana
y en ella a Sisara llevas.

Sofonisa

Mira...

Rey

No hay que replicar.
Conmigo te he de llevar;
que si de ti se destierra,
dará más prisa a la guerra
para volverte a gozar.

Desvelado le han de ver
los que le llaman soldado;
que el que es fino lo ha de ser;
ni ha de dormir sin cuidado

ni de espacio ha de comer.
    Ésta es mi resolución;
que la harás con razón
que de gusto le limito
y de su lado te quito.
Doy a tu imaginación...

Sísara

    ¡Por los dioses! Que he de ser
rayo que en las peñas arda.
¿Qué daño puedes temer?
¿Un caduco te acobarda
y una ignorante mujer?
    ¡Que así mis gustos impidas
y del alma me dividas!
Pésame en esta ocasión,
que es poca satisfacción
de mi enojo diez mil vidas.
    Ya Samaria y Palestina,
Judá, en el monte y llano,
teman su fatal ruina;
que Júpiter en mi daño
sus vivos rayos fulmina.

Rey

    Si con mi hermana quedaras,
menos tu valor mostraras.

Sísara

Tú mi razón acreditas.
Con el gusto que me quitas
a todos los desamparas.

Sofonisa

    Yo, triste y enternecida,
a los dioses pediré
tu victoria con tu vida;
que ella te muestre mi fe

en ausencia tan temida.

Rey

Ven, que la partida ordena.

Sofonisa

La esperanza el llanto enfrena.

Rey

Mañana partir podremos.
Entra en mi tienda.

Sísara

iQué extremos
de furia, de amor y pena!
iCapitán!

(Sale un Capitán.)

Capitán

Señor, [¿qué haré?]

Sísara

Prevenid al campo altivo;
que mañana romperé
ese cristal fugitivo
a donde el valor se ve.
   Vayan los carros falcados
con sesenta mil soldados,
y entre escuadras de amorreos,
los gigantes filisteos,
despojos de acero armados;
   que yo en mi carro triunfal,
hecho otro Marte iracundo,
daré evidente señal
que es poco abrasar el mundo
por venganza de mi mal.

Capitán

Ya al campo partir querría.

Sísara	La mucha melancolía
	siempre trae consigo sueño.
	La memoria de mi dueño
	divertir en él querría.
	Dadme una silla.

(Sacan dos soldados a Barac.)

Soldado I	¿Qué hacéis?
Barac	¿Todavía porfiáis?
	¿Dónde llevarme queréis?
Soldado II	La sospecha que nos dais
	es justo que aseguréis.
Sísara	¿Qué es esto?
Soldado I	Este labrador
	es israelita, señor,
	y aunque con leña venía,
	se presume que es espía.
Sísara	Más me enoja ese temor.
	¿Qué espía? ¿Cómo o de quién?
	¿De cuatro esclavos hebreos,
	que es fuerza por lo que ven,
	que de sus vanos deseos
	arrepentidos estén?
	Dejad al pobre villano.
	Vengarme en él es en vano
	cuando Barac me ha ofendido
	si no es que de mí lo he sido.

Barac	Que soy espía es llano.

Sísara	¿Qué importara que lo fueras?
	Antes, en parte, me holgara
	porque a ese hebreo dijeras
	la multitud sola y rara
	que agota aquestas riberas.
	    Pienso que será mujer.
	Vuelve y dile la verdad:
	el poder con que le sigo;
	que antes de verse conmigo
	se morirá de temor.
	    Haced que la gente vea
	y dejadme sosegar.

Capitán	Esas riberas rodea.
Barac	¿De qué me puede importar? Solo serviros desea mi afición. Dejadme aquí ver esta tienda que así opuesta al Sol resplandece.
Capitán	Bárbaro o simple parece. [Vamos].

(Vanse [los soldados y duérmese Sísara.])

Barac	El temor perdí. Solo con él me quedo y gozo francamente la salida. ¡Oh, asombro, espanto y miedo del pueblo de Israel, hoy con tu vida su libertad restauro

y alcanzo sin peligro eterno lauro!
    Dormido tengo al fiero
que al [pueblo] de Judá tiene oprimido,
y aunque humilde cordero,
con las divinas fuerzas atrevido,
por la rubia que deja
la Ocasión, que la goce me aconseja.
    Pon fuerza, aliento y brío,
Dios de Abrahán, en mi animosa mano.
En tu valor confío.
A sueño eterno pase este tirano
del que agora le ha dado.
Parece que en la tierra estoy clavado.
    Mover los pies no puedo.
¿Cómo, si el corazón está animoso,
las plantas muestran miedo?
¡Raro prodigio! ¡Efecto milagroso!

Sísara   ¡Notable alevosía!

Barac   ¡Por el Dios de Jacob, que no dormía!

Sísara   ¿Qué intentas? ¿Qué procuras?

Barac   Solo para huir estoy ligero.
                ¡Extrañas desventuras!

Sísara   ¡Detente, aguarda!

Barac   Ya la muerte espero.

Sísara   ¡Traición, traición!

Barac   ¡Ay, cielos!

58

¡De plomo son los pies, las manos hielos!

(Salen Sofonisa, hermana del rey, un Capitán y soldados.)

Sofonisa
A la voz de mi esposo
acudo temerosa y afligida,
y el amor es forzoso.

Barac
Con tal engaño me quitan la vida.

Sísara
Ten mi guarda.

Sofonisa
¿Qué tienes?
¿Desprecios por abrazos me previenes?

Soldado I
Hombre, ¿qué has hecho? Tente.

Barac
Sujeto me tenéis a mi fortuna.

Sísara
¿Qué Sol en el oriente,
a quien el alba le sirvió de cuna,
salió con más belleza
con rayos que alumbrasen mi tristeza?

Capitán
Si ha sido este villano
causa de este alboroto...

Sísara
¿Vienes ciego?
¿Vióse temor tan vano?
¿No te he dicho que no? Déjale luego.

Barac (Aparte.)
(¿Qué es esto, cielo santo?
Pues, ¡cómo si me oyó, me sufre tanto?)

Sofonisa	¿Qué ha sido, esposo mío,
	la causa de tus voces dolorosas?
	Tu valor y tu brío
	no se alteran [ya] por pequeñas cosas.
	Llega, llega a mis brazos.
Sísara	Vida me pueden dar tales abrazos.
	El dolor, la tristeza
	de ver que el rey te aparta de mis ojos
	rindió mi fortaleza
	entregándole al sueño mis despojos;
	mas en dicha pequeña,
	no descansa quien duerme pues que sueña.
	Soñé que se hundía
	el carro en que yo salgo a las batallas
	y en un prado me veía,
	lleno de hermosas flores que al pisallas
	viva sangre corrían,
	púrpura humana a un valle prometían.
	En esto, del oriente,
	una mujer salía, de luz vestida,
	coronada la frente
	con rosas de Gadí, y repartida
	sobre los hombros bellos
	la máquina gentil de sus cabellos.
	El cándido vestido
	al nardo pudo dar sacros olores,
	tan vistoso y lucido
	que daba lustre [ya] a las secas flores,
	y en su rostro perfeto
	un hermoso pensil venció al Himeto.
	Ésta, pues, cifra bella
	del iris celestial que paz anuncia
	me habló. Llegué con ella

donde sentado entre la grama y juncia
como en jardín Hibleo
leche manó la tierra a mi deseo.
     Con la dulce acogida,
sin sentido quedé sobre la grama.
La mujer advertida,
sin temor de mis fuerzas y mi fama,
con fatales desdenes,
con un clavo cruel pasó mis sienes.
     Por eso voces daba.

Barac (Aparte.)   (Agora me acordé, Débora mía,
aunque dudoso estaba
de tu divina y cierta profecía.
Pues, una mujer fuerte
dice que a este cruel dará la muerte.
     Por eso yo no pude
mover los pies.)

Sofonisa   Pues, [mi] querido dueño,
¿es posible que dude
tu discreción en qué te dice el sueño?
Que es cierta tu victoria.

Sísara   Da la interpretación pena a mi gloria.

Sofonisa   Ven las flores teñidas
en sangre. [Muestra] que dará tu acero
Israel tantas vidas
que el Sol, donde esmeraldas vio primero,
mire rojos rubíes
juntando al clavel los alhelíes.
     La mujer que a la Luna
excedió en el candor tan milagrosa

es la diosa Fortuna
que favorable se te muestra hermosa
de estrellas circundida,
alba su rostro si del Sol vestida.
     El clavo significa
que has de ponerle en su mudable rueda
para que estable y rica
goces la vida que a su cargo queda.
Y el ponerle en tus sienes
señal es de laurel que te previenes.

Sísara	Profetisa discreta,
	dame los brazos. Largos años vivas.
Barac (Aparte.)	(De otra suerte interpreta
	mi esperanza el suceso.)
Sísara	Ya me privas
	de dudas y recelos.
Barac (Aparte.)	(Ya espero la victoria de los cielos.)
Capitán	A los dos espera
	su majestad.
Soldado I	¿Qué esperas hoy, villano?
	Ya no veros quisiera.
Barac	Aunque vivo le dejo, no es en vano
	la venida que he hecho.
Sísara	Llévate el rey, y quedas en mi pecho.
Barac	Yo volveré otro día.

El cielo os guarde.

Sísara   ¿Ha visto ya la gente
el labrador?

Barac   Podía,
pero el veros me basta solamente.

Sísara   Di a Barac que se guarde;
que le fuera mejor nacer cobarde.

(Vanse todos. Salen Fineo y Simaneo.)

Simaneo   Yo pienso que vos y yo
tenemos un mismo mal.

Fineo   ¿Cómo en pena tan mortal?
¿Cuándo descanso se halló?
           No sé qué tengo de hacer.

Simaneo   Acabaos de contentar.
Ello es que habéis de dejar
o la ley o la mujer.
   Con requiebros solamente
consoláis vuestra afición,
amante camaleón
que del aire se sustente.
   Dicen que un hombre tenía
por pena, en su ardiente fragua,
tener a la boca el agua
y sediento no bebía.
   Lo mismo venís a hacer,
y lo peor es, por Dios,
ni acabar de beber vos

ni dejarse a mí beber.

Fineo

    Aunque adoro esta belleza,
¿no me ha de dar pesadumbre
el ver que [al] mudar costumbre
mudó la naturaleza?
   Contemplo la libertad
de la ley en que he nacido,
y en la escrita he conocido
cansada dificultad.
   Preceptos y mandamientos
tantos, mal los guardará
quien con libres pasos va
solicitando contentos.

Simaneo

    Sabéis que me ha parecido
aunque más me lo neguéis,
que ya en el amor tenéis
esperezos de marido.

Fineo

    Nunca quien ama de veras
repara en dificultades.

Simaneo

Mis amorosas verdades
aseguran tus quimeras.
   Dicen que a una imagen fría,
que suspenso la miraba
y tan elevada estaba,
que requiebros le decía.
   Vos sois a este necio igual.
Amáis a una piedra dura;
que es Jael por la blancura
de mármol y aun de cristal.

Fineo	Tu amor, ¿en quién se emplea?
Simaneo	Aunque [ella] es conmigo franca,
	Tamar no es negra ni blanca.
	Es mujer de taracea.
	Tal cual es, yo estoy perdido
	por ella sin caminar.
	Por lo que tiene de amar,
	su mismo norte he seguido;
	mas es moza carrasqueña.

(Salen Tamar y Jael.)

Tamar	Aquí está.
Jael (Aparte.)	(Triste le veo.
	Si darle gusto deseo,
	dificultades me enseña
	la ley que guardo.) Señor,
	¿Qué tenéis, quién os disgusta?
	Mirad que no hay causa justa
	pues [que es] tan grande mi amor.
	¿Vos triste, vos enojado,
	cuando, llegándoos a hablar,
	soléis conmigo mostrar
	rostro ni semblante airado?
	¿Vos sois el firme amador?
	Sospechas me dais así
	que habéis visto falta en mí
	o hay desmayo en vuestro amor.
Fineo	¿Falta en vos, esposa mía?
	Cuando en vos la imaginara
	los rayos al Sol quitara,

piadoso padre del día.
    No es más limpio el cristal frío
de esta fuente que desata
cintas de quebrada plata,
dando perlas por rocío.
    Vuestra belleza ha de dar
nueva causa a mi locura.
¿Qué importa ver la ventura
si no la puedo gozar?
    De esto nace mi tristeza.

Jael   Si vos la culpa tenéis,
                no es justo que me culpéis.

Simaneo   [Aquí] mi sermón empieza.

Tamar   Conténtate. Escucho, di.

Simaneo   Cuando para no perderme,
                ha de dejar de traerme...

Tamar   ¿Cómo?

Simaneo   ...de aquí para allí,
                ¡voto al Sol!, que es una...

Tamar   ¡Tente!

Simaneo   ¿Cómo? ¡Que es una y aun dos!
                [Me parece] que es, por Dios,
                tener miedo a aquesta gente.
                    Si no, andar al morro luego
                para ésta. Si no me dais
                la mano [porque pensáis]

66

que soy bobo...

Tamar   Vienes ciego.

Jael   Fineo, más bien podía
yo quejarme del amor
que tenéis, pues es error
que no sigáis la ley mía.
    Pero quieres y no alcanzas
la luz que dándote estoy,
pues con ella tuya soy
y alargas las esperanzas.
    Pudiera haber presumido
de las dudas en que estás,
que por burlarme no más
las finezas has fingido;
    mas pienso que no es razón.
Porque mi valor aumente
que el nombre de esposo afrente
ni aun con la imaginación,
    tu misma tristeza heredo.
Vete agora.

Fineo   Para dar
al pensamiento lugar
me voy y contigo quedo.
    A verte vendré después.

(Vase Fineo.)

Simaneo   También yo volveré a vella.

Tamar   Váyase ya.

Simaneo   Quédese ella.

Tamar   ¿Que al fin se va?

Simaneo   ¡Con los pies!

(Vase Simaneo.)

Tamar   ¿Qué dices de esto, señora?

Jael   Que en parte corrida estoy,
pues cuando el alma le doy,
las leyes de Amor ignora.

Tamar   ¿No puedes ser su mujer
aunque de tu ley no sea?
¿Aunque el alma lo desea?

Jael   De nuevo le quiero ver;
aquí tengo la escritura
sagrada. Déjame sola.

Tamar   Así tu amor se acrisola
si la posesión procura.

Jael   En el Deuteronomio, [yo] deseo,
Dios de Abrahán, si puedo sin ofensa
de tu divina ley, dar recompensa
a Ever de [la] afición en justo empleo.
          Agradecida estoy a Ever Fineo;
mas no se agravie tu deidad inmensa,
pues para tu justicia no hay defensa;
temo tu enojo y tu justicia [leo].
          Tu, gran legislador Moisés divino,

que a Dios hablaste con serena cara,
muéstrame de estas dudas el camino.
　　Milagros muestra tu divina vara;
que [al] abrir una peña no imagino
que iguale a una duda que [se] declara.

(Salen Débora y Rubén.)

Rubén
　　　　　　　　　Aquí en esta tienda vive
Jael, que espera casarse
con Fineo, y él la adora.

Débora
Ella quiero que le hable
pues hará cuanto le pida.
A solas quiero dejarte.

Rubén
Adiós, pues.

Débora
(Aparte.)
　　　　　　　　　Guárdete el cielo.
(Divertida está, que hace,
tendido el rubio cabello,
afrenta al oro que nace
fomentado de los rayos
del Sol, generoso padre.)

Jael
Gozo en el alma [yo] siento.
¿Quién está aquí?

Débora
　　　　　　　　　Dios te salve,
Jael, y bendita seas
entre las mujeres. Halles
gracia en los ojos de Dios.
Tu casa todos alaben;
el Señor sea contigo.

Jael	No sé qué respuesta darle.
Débora	No temas, Jael hermosa,

Jael   No sé qué respuesta darle.

Débora   No temas, Jael hermosa,
el clavel teñido en sangre
vuelve a las rojas mejillas,
su púrpura ostente amable;
a los labios los rubíes,
afrenta de los granates,
los jazmines a la frente
que copas de nieve agravien.
¡Oh, tú, felice mujer,
adorada de tu amante,
que con un cabello tuyo
le prendiste y cautivaste,
Débora soy, profetisa,
que suele comunicarme
el espíritu de Dios
secretos [ejecutables].
Rijo el pueblo de Israel
con Barac, tan digno Atlante
de este peso, que en sus hombros
puede el cielo sustentarse.
Ever, tu querido esposo,
con Jabín ha hecho paces,
debiendo al pueblo de Dios
obligaciones más graves.
Bien sabes el cautiverio
de nuestro pueblo, y bien sabes
que Sísara por Jabín
nos amenaza arrogante.
Diez mil soldados tenemos
en el Tabor que no salen
por falta de bastimentos

a ver del Cisón la margen.
En estas floridas vegas,
en los montes y en los valles
ya sus caballos soberbios
cristal beben, juncio pacen.
Pídele que nos socorra
y a Senín sus tiendas pase
para que del enemigo
felice triunfo se alcance.
Jael, a tu pueblo debes
este favor. No te espante
el temor de que Fineo
no obedezca lo que mandes.
Serás el remedio nuestro
en tantas adversidades.
Otra Ester que no defienda
cuando más nos amenace.
Hija de Jerusalén,
toda hermosa, toda amable,
con requiebros a tu esposo
a nuestro bien persuade;
que después de la victoria
de multitud tan notable
las doncellas de Sión
se honrarán de alabarte.

Jael

Ya dejando el torpe miedo
que me causa tu semblante
de verte armada y hermosa,
vivo retrato de un ángel,
animosa y atrevida,
dispuesta estoy a agradarte
atropellando por ti
mayores dificultades.

Levanta, a mis brazos llega,
que con solo que me abraces
alentarás mis afectos.
Será lo imposible fácil.
Enojado está mi esposo;
mas con todo quiero hablarle,
que si con llorar le obligo,
haré que dos fuentes manen
de mis ojos. ¡Tamar mía!

(Sale Tamar.)

Tamar   ¿Señora?

Jael   A mi esposo llamen.

Tamar   Él viene aquí. Ya imagino
                          que hay alguna[s] novedad[es].

(Salen Fineo y Simaneo.)

Fineo   ¿Qué es esto, Débora bella?
                          ¿Cómo de Belén bajaste
                          a los campos de Judea?

Débora   Tu esposa puede informarte.

Jael   Querido esposo Fineo,
                        hoy quiero que des señales
                        del mucho amor que me tienes,
                        de la fe que me mostraste.
                        De nuestro Dios inspirada,
                        Débora, animosa Marte,
                        contra Sísara y Jabín...

72

No es bien que amistad les guardes.
En [su] favor, que confía,
que ocupes te pide el valle
de Senín y que sustentes
el ejército que saquen.
A tus pies te pido aquesto,
si acaso mis ruegos valen,
que hagas lo que te pido
porque a nuestro Dios agrades.
Si vas con ella a la guerra,
cuando vuelvas pienso darte
la posesión que te niego,
agradecida y constante.

Fineo   ¿Cómo, si tus ojos miro
con que el alma me robaste,
no estaré tierno a tu ruego
aunque fuera de diamante?
Pide más, esposa mía,
que así pretendo mostrarme
tan tuyo que el gusto tuyo
todas mis acciones cause.
Iré a ayudar a tu pueblo,
aunque muera por dejarte;
mas si dejo en ti la vida,
imposible es que me maten.
Levanten luego mis tiendas
para que en Senín se planten.
Lleven ganado al Tabor;
contra Canaán se declare
la guerra. ¿Quieres Jael,
otra cosa?

Jael   Que te guarde,

y [que su] gracia me preste
para saber agradarte.
Más su espíritu levanta
[..........................-a-e].
Hoy ampara a Israel.
Haz cuenta que le libraste
de la opresión que tenía.

Fineo   Toda el alma se me parte,
que he de dejarte, Jael.
Prometílo. ¡Ea, zagales,
yo me voy, mi dueño queda!
¡Que vuestro puedo llamarle!
¡En mi lugar acudid!
En su regalo no falte
ninguno a cuanto pidiere.
Todo lo gobierne y mande;
que en volviendo le prometo
al que más la regalare
cincuenta ovejas que solo
mi hierro sus pieles manche.

Simaneo   ¡Voto al Sol, que la he de her
mil mercedes! Por el aire
le traeré las pajarillas
para que en sus manos canten.
Para que en ellas se afrente,
natas he [de] presentarle
que estén diciendo "comedme"
si ha habido leche que hable.

Jael   Más mi sentimiento aumentas
viendo finezas tan grandes.
Tráigate el cielo a mis ojos

	porque en ellos se retrate.
Fineo	Adiós, esposa querida.

| Débora | Otra vez, vuelve a abrazarme;
que estoy contemplando en ti
excelencias celestiales. |

| Fineo | Apenas hablarte puedo. |

| Débora | En partidas semejantes
los ojos sirven de lenguas. |

| Jael | Mis suspiros te acompañen. |

Fin de la segunda jornada

Jornada tercera

(Salen Fineo, Barac, Débora, Abdías y otros.)

Fineo
Ya habéis bajado de la cumbre altiva
del Tabor, y el Senín, alegre y claro
os enseña su plata fugitiva.
Vuestro valor admiro, aunque reparo
en la temeridad que emprender quiere.

Débora
Cierto es el bien con el divino amparo.

Fineo
¿Cómo es posible que victoria espere?
Si vence, por ventura, el temerario,
mirad también que las más veces muere.
Mirad las prevenciones del contrario.
La gente cubre el llano, agora el río;
valiente es el poder y el tiempo vario.
De vuestro Dios de Isaac milagro fío,
pero pedirle siempre que los haga
téngolo por injusto desvarío.
Del aire la región líquida vaga,
ocupa el tafetán de sus banderas;
recibe en furias lo que visos paga.
Las flores y verdor de estas riberas
agotadas se miran; de sus plantas
huyen al monte las feroces fieras.
¡Y vosotros, jueces, que entre tantas
dificultades embestís seguros,
solo fiados en las fuerzas santas!

Débora
El Dios que derribó los altos muros
de Jericó con solo ver el Arca,
y al Jordán derribó cristales puros,

el que hizo a José rey y monarca
y detuvo en el aire el limpio acero
de Abrahán, nuestro santo patriarca,

el que venció otra vez al Jabín fiero
por la mano de aquél que el Sol detuvo
nos dará la victoria que ya espero.

Por nuestras culpas enojado estuvo,
ya nos mira piadoso enternecido.
Al templo de la Fama alegre subo.

Hoy es el propio día en que ha querido
entregarnos a Sísara arrogante,
y al cananeo ejército atrevido.

¿No lo veis desde aquí, sobre el triunfante
carro falcado, entre gigantes fieros,
con el arnés lucido de diamante?

¿Veis que se vuelve loco en los aceros
del Sol que da por átomos centellas?
Pues, oíd; que es razón satisfaceros:

Mirad al cielo, que con luces bellas
en escuadrón ha puesto entre zafiros
el infinito número de estrellas,

con nuevos rayos, con dorados giros,
despierto, Apolo a Sísara amenaza
causa fatal que fue de mis suspiros.

Con santo modo, con divina traza
las nubes ajuntado del diluvio
y el aquilón furioso los enlaza.

Ya oscurecen la luz del padre rubio
del terrestre vapor, piedras compelan
que derriben las cumbres del Vesuvio.

Ya presurosos por los aires vuelan,
y ya sobre el ejército y el carro
suspendidos están y ellos recelan.

Barac	¡Oh, prodigio divino, en pies de barro estriba la soberbia! Así espero ver por el suelo el ímpetu bizarro.
Fineo	Vuestro culto es, sin duda, el verdadero.
Abdías	La tempestad empieza, el tiempo corre, el miedo turba al más feroz guerrero.
Débora	Caiga deshecha la confusa torre, las piedras rompen ya carros falcados.
Abdías	Ánimo, pues, el cielo nos socorre.
Barac	Advertid cómo mueren los soldados de Sísara, deshechos los escudos, los duros capacetes abollados, acobardados, de valor desnudos.
Fineo	Piedras reparan fieros alborotos; alaben vuestra ley los robles mudos.
Débora	Mirad los carros ya deshechos, rotos, y quebrados los ejes y las ruedas, y los aceros de sus armas botos. Embistamos agora, porque puedas conseguir la victoria que te aguarda.
Abdías	En fama ilustre a lo mortal excedas. ¡A ellos, que el contrario se acobarda!
Débora	Yo voy delante porque se avergüence.
Barac	¡Raro valor! ¡Satisfacción gallarda!

¡Viva el Dios de Israel que triunfa y vence!

(Dentro.)

Sísara	¡Válganme los dioses santos!
Barac	Ya de su carro cayó.

(Vanse todos. Sale Sísara.)

Sísara	¿Quién jamás, Júpiter, vio
	tan peregrinos espantos?
	Marte divino, si ha sido
	envidia de mis victorias,
	y así oscureces mis glorias,
	piedad, humilde, te pido.
	Roto mi carro, caí
	sobre las hierbas que están,
	con la sangre de Canaán,
	matizadas de rubí.
	¿Dónde voy si los furiosos
	hebreos van degollando
	mis soldados y triunfando
	de mis hechos prodigiosos?

(Sale Débora.)

Débora	¿Adónde, tan ciego, vas?
Sísara	¿Qué es lo que quieres, mujer?
Débora	Darte agora a conocer
	aquesta espada no más.
	A mis pies te la dejaste

y por mi mano regida
quita a tu gente la vida.

Sísara   ¡Oh, qué bien que aconsejaste!
   Milagro del cielo ha sido
o castigo de algún dios
que os favorece a los dos
de mi soberbia ofendido.
   Cien hombres y más tenía
mi escuadrón para uno vuestro
con un capitán tan discreto
que al mismo Marte excedía;
   mas parece que han tenido
todos las manos atadas
y las hebreas espadas
los rayos han excedido
   de Júpiter.

Débora   Bien quisiera
quitarte la vida aquí
a poder tener por mí
el castigo que te espera.
   Otra mano quiere el cielo
por triunfo tan soberano,
pues que yo al mover la mano
parece que soy de hielo.

Sísara   Dame lugar.

Débora   Impedir
sus pasos es por demás.

Sísara   ¿Qué quieres? Vengada estás,
pues, que me has hecho huir.

Débora	Ver que te dejo me espanta.

Sísara	Pues que Marte me olvidó y las manos me quitó, déme sus pies Atalanta.

(Vase Sísara.)

Débora	Huye, pues, que yo no he sido de tan venturosa suerte que pueda darte la muerte después de haberte vencido. ¡Oh, venturosa mujer a quien el cielo ha guardado un triunfo tan deseado! ¡Puédete envidia tener el Sol. Los pocos que quedan con la vida huyendo van; envueltas en grana están porque correr grana puedan las corrientes del Sisón. Victoria canta Israel; ciña el honroso laurel sienes que tan dignas son. ¡Oh, Barac, púrpura humana tiñe tu sangriento escudo!

(Salen Barac, Fineo y Abdías.)

Fineo	Habiéndola visto, dudo victoria tan soberana.

Débora	Dame tus brazos.

Barac	Tus pies
	primero quiero besar;
	que no merezco tocar
	aun la tierra donde estés.
	Tuya la victoria ha sido.

Fineo	Da los brazos a Fineo
	si es que premias mi deseo.
	El favor he merecido
	pero por las obras, no.

Débora	No es bien que nos detengamos,
	Barac, la gente sigamos
	hasta Haroset, pues huyó.

| Abdías | ¿Y Sísara? |

Débora	Huyendo va
	cuando del carro cayó.

Barac	Alcanzarle quise yo;
	mas no pude.

| Débora | Claro está. |

| Abdías | Sigue al alcance. |

Fineo	Primero,
	pues vi tan dichoso fin,
	para volverme a Senín
	que me deis licencia quiero;
	que entre el bélico furor
	de las armas no he podido
	dar descanso, sino olvido

a mi cuidadoso amor.

Débora   Esas finezas merece
Jael, tu querida esposa,
pues honesta y virtuosa
como otro Sol resplandece.

Fineo   Dadme los brazos los dos
porque pueda mi pasión
ya gozar la posesión.

Barac   Vida te dé nuestro Dios.

Fineo   Seguir vuestra ley espero;
que [ya] estos hechos han sido
los que vencer han podido
un corazón tan de acero.

Débora   La perfecta luz alcanzas.

Abdías   ¡Sigue al alcance!

Fineo   Marchad,
y a mí agora me dejad
dar fin a mis esperanzas.

Abdías   Milagro evidente ha sido.

Fineo   ¿Qué más dicha si he pasado
de victorioso soldado
a deseado marido?

(Vanse. Salen Simaneo y Tamar.)

Simaneo

Este bosque, esta espesura,
que confina con el prado
de sus fuentes abrazado
con lazos de plata pura,
    ejemplo te pueden dar
cuando darme gusto intentes,
pues las flores y las fuentes
te están brindando, Tamar.
    Aquesta hierbas felices
están con amante efeto
abrazados en secreto
con lazos de las raíces.
    A estas bellas maravillas
esmaltadas de granates
con amorosos combates
besan las claras orillas.
    Tú con rigurosas trazas,
cuando nuestra boda intento,
teniendo más sentimiento
ni me besas ni me abrazas.
    La mujer más presumida
de sus prendas, de su amor,
aunque muestra más rigor,
se huelga de ser querida.
    Y yo, si digo verdad,
con amorosa pasión
conociendo tu afición
te he cobrado voluntad.

Tamar

Digo que tuyo seré,
pero con las condiciones...

Simaneo

Mucho me agravias si pones
duda ninguna en mi fe.

        Mil veces soy tu marido
si tantos serlo pudiera,
y pluguiera a Dios cubriera
este llano y este ejido
        mi ganado, porque así
más mejor te regalara.

Tamar   Esa voluntad tan clara
es la que me basta a mí.

Simaneo   ¿Quiéresme agora abrazar?

Tamar   Mira que nadie nos vea.

Simaneo   ¡El bien que el alma desea
se comienza a ejercitar!

Tamar   Ya te abrazo.

Simaneo   Aquesto es hecho;
que será justa razón
que viva en tu corazón
quien ha tocado tu pecho.
        ¿Quieres?

Tamar   No hay que querer más.

Simaneo   Mucho más hay que querer
si lo quisieses hacer.

Tamar   Siendo mi esposo tendrás
        la posesión que deseas.

Simaneo   Venga luego el cazador

que se deshace mi amor
porque su fineza creas.
   Fuentes, dadme el parabién.
Bailad todas de alegría;
pues que ya Tamar es mía
justo es que locos estén
   los que gozan la belleza
mucho tiempo deseada.
Una guirnalda extremada
ha de adornar tu cabeza.
   Préstame aqueste arrayán
un ramo, y tú este listón
donde en estrecho prisión
rojas flores se atarán.
   Aquí los quiero coger.
¡Oh, qué clavel! ¡Pesia a mí,
en él tus mejillas vi!
Su nácar puedes vencer.

Tamar
      No con tanta adulación
solicites mis favores.

Simaneo
Produzcan aquestas flores
el fruto de mi afición.
   Tiende el cabello, Tamar,
porque sobre el oro estén
aquestas flores más bien
y el Sol te pueda envidiar.
   Si puedo, a Jael darás
envidia.

Tamar
      No puede ser.

Simaneo
Si ella es hermosa mujer,

tú para mí lo eres más.
    Ya está hecho, juro a mí,
la medida he de tomar
del lugar donde ha de estar.

Tamar   ¿Cómo la medida?

Simaneo   Así.
    ¿Quieres, si acaso es grandona,
que al cuello pueda caer
y que collar venga a ser
la que labré por corona?
    Llega la cabeza, humilla.

Tamar   Llego porque alegre estés.

Simaneo   Yo te tomaré después
medida a una gargantilla.

Tamar   No os la dejaré tomar.

Simaneo   ¿Qué tienes que rebatir?
Quien más no puede sufrir,
¿no es fuerza que ha de tascar?
    ¡Qué cabello! ¡Qué limpieza!

Tamar   ¡Acaba! No seas pesado.

Simaneo   ¡Voto al Sol que estoy tentado
de partirte la cabeza
    por traérmela conmigo!

Tamar   Muy buena quedara yo.

Simaneo	Le medida se tomó y agora [a] atarla me obligo.
Tamar	¡Ay desdichada!
Simaneo	¿Qué fue?
Tamar	Al prado viene Jael.
Simaneo	Es honesta y es cruel. Triste de mí si me ve.
Tamar	Huye.
Simaneo	Ya no puede ser.
Tamar	Que viene [muy] enojada.
Simaneo	Entre esta zarza intricada, Tamar, me quiero meter.
Tamar	Si te picas...
Simaneo	Excusado temor.
Tamar	... luego se verá.
Simaneo	Di, ¿qué espinas temerá quien está de ti picado?

(Vase Simaneo.)

Tamar	La corona se dejó,

olorosa, hermosa y bella,
y viene bien, pues con ella
puedo disculparme yo
   de haber al prado salido
sin su licencia.

(Sale Jael.)

Jael
                Tamar,
¿qué hacías?

Tamar
              Contemplar
en este valle florido
   la imagen de tu belleza
en las flores trasladada,
y una corona extremada
labré para tu cabeza.
   Las memorias de tu amante
divierte.

Jael
         ¿Cómo podré,
pues es agraviar mi fe,
estar alegre un instante?
   Antes juzgué por menor
esta amorosa dolencia;
mas la rigurosa ausencia
crisol ha sido de amor.

Tamar
        Pon la corona.

Jael
          ¡Qué mal
viene entre honesto decoro!

Tamar
       ¿Cómo, si el cabello es oro

90

y la frente de cristal,
no quieres que asienten bien
las flores?

Jael
Mira, Tamar,
si tú la puedes llevar.

Simaneo
¡Que me picó!

Tamar
Al prado ven.
Verás sus nativas fuentes.

Jael
Aumentarán mis enojos,
dando ocasión que mis ojos
multiplican sus corrientes.
Aquí me quiero asentar.

Tamar
No hay remedio.

Simaneo
Estoy picado
y una pierna me ha arañado
con una espina, Tamar.

Tamar
¿Qué blanca paloma o garza
tuviera beldad mayor?

Simaneo
Mucho picaba el Amor,
pero más picó la zarza.

Jael
Si habrá Débora vencido,
esto de gusto me priva;
pues en su victoria estriba
el ver presto a mi marido.

Tamar	Sísara es valiente.
Jael	Sí; mas el cielo es su juez.
Tamar	¿Hasle visto alguna vez?
Jael	Una vez sola le vi cuando el tribu sujetó de Benjamín.
Tamar	Di, señora, ¿y conocerásle agora?
Jael	Pienso que sí, aunque pasó aprisa con su escuadrón.
Tamar	¿Vióte acaso?
Jael	Bien pudiera, pero porque no me viera me escondí.
Tamar	Con gran razón.
Jael	Tamar, esta soledad me alegra. Déjame aquí. Vete a la tienda.
Simaneo	¡Ay de mí!
Tamar	Efecto es de tu lealtad. Vence tu melancolía.

Simaneo	¿Váisos, Tamar?
Tamar	¿No lo ves?
Simaneo	¿Puedo salir yo?
Tamar	Después.

(Vase Tamar.)

Simaneo — Esto es hecho. ¡Ay, cara mía!

Jael

Fuentes fugitivas,
tropezando en jaspes,
levantando espumas
que el tiempo deshacen;
hierbas esmeraldas,
flores de corales,
hermosos claveles
teñidos de sangre;
plantas que heridas
del viento suave
lleváis el compás
a las dulces aves;
morados narcisos
donde el tiempo hace
que en sus amatistas
diamantes se engasten;
flores, plantas, fuentes,
divertid mis males;
que solo este sitio
puede consolarme
porque soplan quedito los aires
y mueven las hojas de los arrayanes.

Simaneo

Zarza pegajosa,
que a los caminantes
que pasan de noche
narices llevaste,
y de las ovejas
que tus hojas pacen
en blancos vellones
la deuda cobraste,
rica, pues, me tienen
alisos y sauces,
como [la] camisa,
con punto y encaje;
mi ruego piadoso
tus puntas ablande,
espín de las plantas
estémonos graves;
que al moverse un poquito los aires
me pasan tus puntas el sayo y la carne.

(Sale Sísara.)

Sísara

¿Adónde me llevan
por montes y valles
los airados dioses
que hoy quieren vengarse?
El veloz caballo,
que tuvo por padre
el viento y las yeguas
que en Dardania nacen,
cansado y rendido
entre estos jarales
sus espumas vence
sin que el freno tasque;
y yo sin aliento

busco quien me ampare
cuando hacer pudiera
desprecio de Marte;
enseñadme agora,
mudas soledades,
el mejor camino
para que me escape;
que si soplan quedito los aires
presume que vienen siguiendo mi alcance.

Jael
¡Cielos! ¿No es aquéste
Sísara arrogante
tan cansado y solo,
ya Israel triunfante?
Sin duda que huyendo
viene donde halle
en lugar de amparo
rigor que le mate.
Ánimo, Jael,
no es bien te acobarden
sus armas lucidas,
su temido alfanje.
Yo llego mostrando
alegre semblante
pues entre las hierbas
ha pisado el áspid.

Sísara
¡Válganme los dioses!
¡Qué mujer notable!
Dorado parece
de aquestos cristales;
el rico cabello
las hebras esparce,
guarnición divina

del costoso traje.
Oh, tú, mujer bella,
que a verme bajaste
del Líbano altivo
hermosa y amable,
de Amana las rosas
de olores suaves
envidiosas ciñen
tu frente admirable,
si entre la hermosura
la piedad criaste,
si desdichas mías
pueden obligarte,
mi miedo asegura.
Dame dónde pase
la noche de forma
que no llegue nadie;
que si libre vuelvo
ya pueden pagarte
perlas, plata y oro
piedad semejante.
Ofir será tuyo
y entre los corales
el sur dará crucios
de que perlas saques.

Jael

Llega, señor mío,
no temas ni trates
de paga a quien debe
servir [y] agradarte.
Mi casa te espera.
Entra donde halles
descanso y reposo;
tu miedo se aplaque.

Mi tienda es aquella
que entre alisos sale,
pirámide altiva
que al Sol se levante.
No está aquí mi esposo.
¿Qué importa que falte
porque yo te ofrezca
mi humilde hospedaje?
Pasarás la noche
que ya por los valles
sombras esepereza
de montes gigantes.
Tendrá, señor mío,
guarda vigilante
y en casa tan pobre
ricas voluntades.
Dame aquesa mano
que quiero llevarte
donde mis palabras
a las obras pasen.

Sísara

A tu voz divina
suspenso dejaste
los sentidos míos
sin sentir sus males.
Tus ojos hermosos,
estrellas radiantes,
en mi pecho influyen
ánimo constante.
¡Dichoso el que goza
tus divinas partes,
y yo que merezco
verte y contemplarte!
Vamos a tu tienda

mi mano te enlace
con las azucenas
castas que aun no abren.
[Dame, pues, la mano].

Jael   Toma.

Simaneo   ¿Puede usarse
tal traición? ¡Ah, cielos!
No siento el picarme
ya sino la afrenta
de mi señor.

Sísara   Dame
a beber, que vengo
con sed insaciable.

Jael   Muy poco me pides.
El licor suave
que dan mis ovejas
por agua he de darte;
que tras el cansancio
será mucha parte
la leche que el sueño
sus sentidos mande.
Ven, señor, no temas.

Sísara   El cielo me falta
si he visto en mi vida
belleza tan grande.

Jael (Aparte.)   ([No es] piedad al menos.
Mira, no te engañes
triste pajarillo,

la liga tocaste
En hallar tu fin
[tu suerte alcanzaste].)

(Vanse. Sale Simaneo.)

Simaneo   ¿Esto se puede sufrir?
                           ¿Hay semejante traición?
                           ¿Éstas las promesas son?
                           ¿[Éste] el llorar y fingir?
                           ¡Voto al Sol!, que estoy por ir
                           tras ellos y al descarado
                           darle; pero viene armado
                           y yo sin cuchillo estoy.
                           Ello, muy honrado soy;
                           mas soy pacífico honrado.
                               ¿Qué ha de decir mi señor
                           si llega y viene a saber
                           la traición de esta mujer
                           tan en contra de su honor?
                           Que yo le avise es mejor
                           al punto que llegue aquí.
                           Diré todo cuanto vi
                           que otro al fin se lo dirá
                           y por dicha pensará
                           que yo en el concierto fui.
                             ¡Oh, mujeres, malos años
                           para mí si yo os creyere!
                           La que más piensa que quiere
                           sabe trazar más engaños.
                           Aquí vino a los rebaños
                           esta mujer de Fineo
                           para un delito tan feo.
                           Éste, sin duda, la habló

99

antes, y al verle, venció
la voluntad y el deseo.
　　Quiero llegar poco a poco
hacia la tienda y veré
qué hacen; mas, ¿para qué,
si yo sin duda estoy coco?

(Sale Fineo.)

Fineo
　　Ya llego de gusto loco,
fresco valle de Senín,
a ver de mi mal el fin,
que al fin, si llega, no tarda,
donde contenta me aguarda
mi adorado serafín.
　　Dulces abrazos espero
con amorosa beldad.

Simaneo
¿Quién va allá?

Fineo
　　　　　　¿Quién es?

Simaneo
　　　　　　　　　Callad,
si acaso sois ganadero
de Fineo, que ver quiero
los fines de una traición
contra su honor y opinión.

Fineo (Aparte.)
　　(Como la noche ha venido
Simaneo no ha conocido
quién soy. ¡Rara confusión!)
　　¿Qué quieres ver?

Simaneo
　　　　　　No me habléis

sino callad. No des voces.

Fineo   Amigo, ¿no me conoces?

Simaneo   ¡Ay, señor, no os espantéis!
Tened, por Dios, no lleguéis
a la tienda.

Fineo   ¿Estás en ti?
Si ves que me trae así
por los aires mi deseo,
cuando ya la tienda veo,
¿quieres detenerme aquí?

Simaneo   Hay grandes cosas, señor.

Fineo   ¿Cómo así?

Simaneo   Gran mal.

Fineo   ¿Qué mal?
¿Pagó el tributo mortal
la que es dueño de mi amor?
¿Helóse mi fruto en flor?
¿Es muerta Jael?

Simaneo   Pluguiera
al cielo que muerta fuera.

Fineo   ¡Válgame Dios! ¿Tal escucho?
Con varias sospechas lucho.
Ya toda el alma se altera.
    Habla; que, ¡viven los cielos!,
que te dé muerte, villano.

Simaneo	¡Ay, señor, detén la mano!
Fineo	Ya estoy abrasado en celos;

Fineo

Ya estoy abrasado en celos;
que entre dudas y desvelos
ya desmaya el corazón,
y ya se alienta; que son
en sucesos semejantes
los pechos de los amantes
la torre de confusión.

Simaneo

Escondido entre una zarza,
como el ave que al neblí,
de hacer puntas en el aire,
para poderse abatir
estaba, porque Jael
no me viese hablar aquí
con Tamar, cuando llegó
un caballero gentil.
Estaba tu ingrata esposa,
que es bien que la llame así,
junta a la fuente que riega
flores de nieve y carmín.
Y así como vio el soldado
se encendió más el rubí
de sus mejillas, y alegre
se le salió a recibir.
Llegaba cansado el hombre
y sin duda, presumí,
que vino corriendo a verla
dejando muerto el rocín.
Llamóle ella "Señor mío",
y dijo después, "Venid
a mi tienda porque quiero
que estéis regalado allí.

Esta ausencia de mi esposo
no importa".

Fineo   Proseguir
no te dejen los furores
de mi loco frenesí.
¿Qué es esto, cielos? Acaba;
que fue impulso varonil
de mi honor. Di lo que falta
si hay más faltas que decir.

Simaneo   Dióle la mano.

Fineo   ¿La mano
que aún yo no la merecí
de esposo?

Simaneo   Y entraron juntos
en la tienda. Éste es el fin.

Fineo   Si de mi vida lo fuera,
fuera menos infeliz.
¡Cielos, que pudo ofenderme
un humano serafín!
Aquellos ojos que al Sol
prestan luz en su cenit,
aquella boca en que el alba
puede aprender a reír,
aquellos rubios cabellos
viva afrenta del Ofir,
aquel cuerpo que pensaba
que era cerrado jardín
en otros aleves brazos
con pensamiento tan vil

descansan cuando por bellos
corren los aires tras mí.
¿Qué es esto. Dios de Israel?
¿Cómo puedes consentir
mi agravio si por servirte
dejo vencido a Jabín?
Cuando Débora y Barac,
Zabulón y Neftalí
sustenté con mis ganados
desde el valle de Senín;
cuando tu ley esperaba
lleno de gusto seguir,
hallo que Jael me afrenta,
la hija de Benjamín.
Si yo ayudé a que tu pueblo
sacudiese la cerviz
de la opresión en que estaba,
¿cómo me pagas así?
¿Éstas fueron las promesas?
¿Éste es el llorar, fingir?
¿Qué importan armas de acero
contra un error femenil?
La más casta, la más noble
sabe burlar y mentir.
¿Quién puso el error en ébano
de tan delgado viril?
Mi esperanza que imitaba
al ancora y al delfín
en el mar de mis agravios
no ve puerto en qué surgir.
Solo la venganza puede
darme el gusto que perdí.
Espada, en sangre teñisteis
las corrientes del Carit

por las ajenas venganzas,
tomad agora barniz
con la sangre de esta ingrata.
¡Pague el daño con morir!
¡Oh, estrellas, ojos que puso
el artífice sutil
en dorados epiciclos
sobre el globo de zafir,
ved, agora, mi venganza!

Simaneo ¿Qué pretendes?

Fineo Dar matiz
con la sangre de los dos
a aqueste ameno pensil.

Simaneo ¿No adviertes, que si te sienten
entrambos podrán huir?
Ven sin que nadie te vea.

Fineo Bien dices.

Simaneo Ven por aquí;
por detrás del pabellón
puedes entrar.

Fineo Resistir
no puedo el furor, y el brazo
ya sin aliento sentí.
¡Ay, si fueran ilusiones
mi suerte fuera feliz!
¡Si fuera sueño, y despierto
mi adorado serafín
viera entre los brazos míos!

Lágrimas, ¿dónde venís?
¿Pretendéis acobardarme?
¿Qué es lo que queréis de mí?

Simaneo   Ven, callando.

Fineo   ¡Ay, mi Jael!
Apenas puedo decir
tus mudanzas me vencieron
cuando a Sísara vencí;
pero este puñal, oh ingrata,
de tu pecho de marfil
sacará por bocas rojas
el alma que puse en ti.

(Vanse. Salen Sísara y Jael.)

Sísara   A tu noble proceder
estoy tan agradecido
cuanto cansado y dormido;
que no hay más que encarecer.
    Dióme la dulce bebida
tanto gusto, Jael bella,
que pienso que estuvo en ella
el remedio de mi vida.

Jael   Duerme y descansa, señor,
seguramente podrás,
pues ya satisfecho estás
de mi cuidado y amor.

Sísara   Para que en nada repare,
ponte, porque no me ofenda,
a la puerta de la tienda,

y si alguno preguntare
  si alguien está dentro, di
que no hay nadie.

Jael   Bien está.

Sísara   El sueño importuno va
               triunfando en todo de mí.
                 A tus manos [me] he ofrecido
               tras de tan adversa suerte;
               en la imagen de la muerte
               de la vida me despido.

(Vase Sísara.)

Jael   Símbolo de la soberbia,
               ya que tus ojos no ven
               y te recibí contenta
               para matarte después,
               hoy daré fin a tu vida,
               y fama heroica daré
               a mi nombre, pues altiva
               he de triunfar y vencer.
               Dios que hicisteis que en Adán
               todos los dones estén,
               y luego los repartisteis
               con divino proceder,
               le disteis a Job paciencia,
               la edad a Matusalén,
               y por gloria de su esposo
               la hermosura de Raquel,
               para envidia de Caín
               la santa inocencia [a] Abel,
               generación [a] Abrahán

de quien [he] de descender,
a Jacob sagacidad
y ligereza a Ismael,
pon en mí la fortaleza
aunque indigna de este bien.
Armas faltan a mis manos;
mas pocos son menester.
Donde tu favor acude,
no faltará quien las dé.
Basta este clavo, que hace
de aqueste roble parén
adonde estriba la tienda.
¡Qué presto el martillo hallé!

(Salen Fineo Y Simaneo.)

Fineo

Confieso que voy dudoso;
que es imposible creer
tal falta en tal hermosura.

Simaneo

Tú lo verás, como estés
atento.

Fineo

Aun los pies no muevo,
¿qué es lo que hace?

Simaneo

No sé.
Con un clavo y un martillo
está.

Fineo

Pues, ¿qué puede hacer?
Los ojos vueltos al cielo
como a Dios en el Horeb,
su primero capitán

[el] famoso Josué,
habla entre sí.

Simaneo   Escucha y calla.

Jael   Débora, la que en Betel
el espíritu divino
habló contigo tal vez,
ruega por mí en este trance.
Padre y caudillo Moisés,
hoy con tu favor imito
al ilustre Josué;
la punta pongo en sus sienes
por las hojas de laurel.
Dios vaya conmigo.

Fineo   ¡Ay, cielos!

Simaneo   ¡Voto al cielo, me engañé!

Sísara   ¡Muerto soy, oh santos dioses!
¡Oh, engañosa mujer!

Jael   Clavado en el suelo está.
De esta suerte le tendré.

(Salen Débora, Barac, Abdías, y otros.)

Débora   Llegad; que según las señas
quizá podrá ser que esté
en esta tienda.

Jael   Llegad,
donde muerto le veréis.

Débora	Tened, no paséis de aquí,
	que abierto el azul cancel
	del cielo, admiro el milagro
	del más Supremo Poder.
	Figura Jael ha sido
	de la que con solo el pie
	la cabeza del dragón
	ha de quebrar y romper.
	Sísara fue del pecado
	figura.
Barac	Dejadme ver
	el más cruel enemigo
	de mi pueblo de Israel.
Débora	Bendita tu casa sea,
	y bendita eres, Jael,
	entre todas las mujeres,
	hijas de Jerusalén.
Fineo	Deja que bese tus plantas.
Simaneo	Yo soy el que más erré,
	y es bien que perdón te pida,
	[puesto] que no sé de qué.
Jael	Te perdono.
Fineo	Desde agora,
	esposa, sigo tu ley.
Jael	Y yo mis brazos te doy.
Barac	Marchad todos [a] Haroset

            donde acabe la arrogancia
            que tuvo el bárbaro rey
            de Canaán.

Simaneo   Si no me casas,
            conmigo andarás cruel.

Jael   Tamar es tuya.

Fineo   Y acabe
            la comedia y baste el ver
            que sus faltas os confieso
            para que las perdonéis.

            Fin de la comedia

Libros a la carta

A la carta es un servicio especializado para
empresas,
librerías,
bibliotecas,
editoriales
y centros de enseñanza;
y permite confeccionar libros que, por su formato y concepción, sirven a los propósitos más específicos de estas instituciones.

Las empresas nos encargan ediciones personalizadas para marketing editorial o para regalos institucionales. Y los interesados solicitan, a título personal, ediciones antiguas, o no disponibles en el mercado; y las acompañan con notas y comentarios críticos.

Las ediciones tienen como apoyo un libro de estilo con todo tipo de referencias sobre los criterios de tratamiento tipográfico aplicados a nuestros libros que puede ser consultado en Linkgua-ediciones.com.

Linkgua edita por encargo diferentes versiones de una misma obra con distintos tratamientos ortotipográficos (actualizaciones de carácter divulgativo de un clásico, o versiones estrictamente fieles a la edición original de referencia). Este servicio de ediciones a la carta le permitirá, si usted se dedica a la enseñanza, tener una forma de hacer pública su interpretación de un texto y, sobre una versión digitalizada «base», usted podrá introducir interpretaciones del texto fuente. Es un tópico que los profesores denuncien en clase los desmanes de una edición, o vayan comentando errores de interpretación de un texto y esta es una solución útil a esa necesidad del mundo académico.

Asimismo publicamos de manera sistemática, en un mismo catálogo, tesis doctorales y actas de congresos académicos, que son distribuidas a través de nuestra Web.

El servicio de «libros a la carta» funciona de dos formas.

1. Tenemos un fondo de libros digitalizados que usted puede personalizar en tiradas de al menos cinco ejemplares. Estas personalizaciones pueden ser de todo tipo: añadir notas de clase para uso de un grupo de estudiantes, introducir logos corporativos para uso con fines de marketing empresarial, etc. etc.

2. Buscamos libros descatalogados de otras editoriales y los reeditamos en tiradas cortas a petición de un cliente.

www.ingramcontent.com/pod-product-compliance
Lightning Source LLC
Chambersburg PA
CBHW031536040426
42445CB00010B/569